Gesundheit und positive Spannung
wünschen herzlich
    Maria und Hans Schmid

Eingespannt
ZWISCHEN HIMMEL UND ERDE

2003
Alle Rechte vorbehalten
© by Verlagsanstalt Athesia GmbH, Bozen
Gestaltung und Layout: Marion Prossliner, Athesiagrafik
Gesamtherstellung: Athesiadruck, Bozen

ISBN 88-8266-223-3

www.athesiabuch.it
buchverlag@athesia.it

Die Schreibweise entspricht den Regeln
der neuen Rechtschreibung.

MARIA SCHMID
AQUARELLE VON HANS SCHMID

Eingespannt
ZWISCHEN HIMMEL UND ERDE

VERLAGSANSTALT ATHESIA | BOZEN

Vorwort

LIEBE LESER UND LESERINNEN

In einen Zeitraum hineingeboren zu sein, ist nicht unser Werk und unabänderlich. An einem Ort dieser Erde zu leben, ist dagegen änderbar. – Immer sind und bleiben wir Geschöpfe dieser Welt, welche als einzige denken, sprechen, lieben, entscheiden, verantworten … können.

*Es lohnt sich, manchmal innezuhalten und über das Woher und Wohin,
über Sinn und Grund unseres Seins Gedanken zu verwenden.
Mögen meine Wortgeflechte anregen zum Beachten, Bewusstmachen
und Wertschätzen des eigenen Lebens,
sowie dem aller Wesen, welche mit uns Funken
des ganzen Universums sind – eingespannt zwischen
Himmel und Erde.*

Maria Schmid

Eingespannt

Eingespannt in eine Zeit
zwischen Erd' und Himmel,
nimmst du, seit dem ersten Blick,
teil am Weltgetümmel.
Wichtig bist du für die Menschen,
welche dich begleiten;
sorgsam wähle davon jene,
die den Geist dir weiten.
Werde nur den solchen Freund,
die den Frohsinn pflegen,
welche mutig mit dir tragen
Steine aus den Wegen.

Haltestellen

Dein Zug fährt durch das Lebensland
eine bestimmte Strecke.
An manchen Stellen macht er halt
zu zielführendem Zwecke.

Es steigen Menschen ins Gefährt,
Stationen dich begleiten.
Lernst unterscheiden Ist und Schein,
die dein Gesichtsfeld weiten.

Manch' Haltestelle er durchfährt
im Tempo ohne Gnaden.
Du wärst so gerne oft verweilt
an glücklichen Gestaden.

Verlegenheit

Sage mir, was Liebe ist –
wurde ich gefragt.
Grübelnd suchte ich die Antwort –
und hab' sie vertagt.
Was allgemein man »Liebe« nennt,
das kann es wohl nicht sein (?) –
zu diesem schwierigen Begriff
fällt mir nur eines ein:
Als altes Wort – nicht zu umschreiben
steht es in Raum und Zeit.
Erfahrungen nur, lehren mich,
dass sie allein – befreit.

Sage mir, wer (?), wo (?) ist Gott –
wurde ich gefragt.
Grübelnd suchte ich die Antwort –
und hab' sie vertagt.
Als welcher er vermutet wird,
das kann er wohl nicht sein.
Wo allgemein er wird gesucht,
daraus mach' ich den Reim:
Er ist IN dir und mir zu finden,
mitten in Zeit und Raum.
Erfahrungen nur lehren mich:
Ich kann darauf vertraun.

Woher? – Wohin?

Oft frag' ich mich: Wo komm' ich her?
Vielleicht schwamm ich im Weltenmeer?
Flog gar ich im Insektenheer? –
Die Antwort drauf bleibt inhaltsleer.

Das nächste Rätsel heißt: Wohin?
Werd' ich mit Vogelschwärmen ziehn?
Wird neues Sein mir einst verliehn,
wenn ich am End' der Wand'rung bin?

Woher – aus abgrundtiefen Weiten
wird jemand mir den Weg bereiten?
Wohin – führt nach dem Ursprungsort
das gottgeschenkte Zukunftswort?

Woher? – Wohin? – Gedankenspiele
führen mich nicht zum Wissensziele.
Es wird auch Schöpfungswille sein,
dass Menschen-Weisheit ist so klein.

Trugbild

Lenk' ich den Blick ins weite Land,
scheint alles mir vertraut, bekannt.
Schau' weiter ich bis an den Rand –
das Firmament ist hier gespannt
im großen Bogen über mir.
Das Trugbild kommt mir ins Gespür,
nicht allzu fern ist es von hier,
dass ich den Horizont berühr'.

Und geh' ich noch so lange Zeit,
weicht immer er – und meilenweit
entfernt liegt die Verbundenheit
von Erde und Unendlichkeit.

Einst dachte man, dass eine Scheibe
als unsere Welt im Raume treibe;
jedoch sie ist ein kleiner Ball,
welcher besteht seit jenem Knall
da ihn der Schöpfer warf ins All.

Über mir

Ewig, weites Universum –
endlich scheinst du nicht zu sein;
in dir kann ich Gott erahnen,
unterstehst nur IHM allein.

Sonne – Königin der Erde,
stark regierst du diese Welt;
Macht des Lichtes und der Wärme,
alles du zum Sein erwählst.

Mond – mit deinem milden Leuchten,
wandelst dich in jeder Nacht;
mit geheimnisvollen Kräften,
bist vollkommen du erdacht.

Sterne – klein ihr mir erscheinet,
dicht gestreut ins Firmament;
wie die Sandkörner der Wüste,
eure Zahl der Schöpfer kennt.

Worte

Worte fügen sich zusammen
in den Reigen deiner Wahl.
Sind sie hässlich oder freundlich
oder gar zu viel der Zahl?
Klingen sie nach Wehmut, Trauer
oder machen sie mir Mut?
Geht es mir in Kopf und Herzen
mit den Worten immer gut?

Leer und wertlos bleiben Worte,
folgt auf gute nicht die Tat.
Tröstend, zärtlich, leuchtend sind sie,
oft Verleumdung und Verrat.
Worte können, so wie Gesten,
mal verletzen, mal erfreun;
werden sie versetzt mit Liebe,
musst du keines je bereun.

Die Schöpfung und ich

Oben, unten, rund um mich – eingespannt ins All;
bin ich kleines Menschenkind, seit dem Schöpfungsknall.

War das Letzte – wohlgemerkt, was der Schöpfer schuf;
seither, auf dem Körnchen »Erde«, walt' ich nach dem Ruf.

Fühl' mich mächtig in der Rolle – und ich bin es auch;
lernte zu beschaffen alles, was ich scheinbar brauch'.

Langsam wurd' ich auch allwissend, nichts blieb mir geheim;
so wurde ich übermütig – wollt auch »Schöpfer« sein:

Jedoch kommen heut' mir Zweifel, ob denn alles gut
was ich so verändert habe – nur aus Übermut.

Übermacht

Sengende Glut und Eiseskälte,
tosender Sturm, der Bäume bricht,
Beben der Erde, Meereswogen –
meine Befehle hören sie nicht.

Trotz – erzeugt die Laune dieser Macht;
er zur Lösung der Rätsel mich treibt;
doch kläglich scheitert mein Begehren;
einzig mir das Staunen bleibt.

Viele Gesichter

Der Friede hat viele Gesichter,
die ihm die Menschen verleihn.
Herrscht Hass, Gewalt und Zerstörung,
dann können Kriege gedeihn.

Die Freundschaft hat viele Gesichter,
die ihr die Menschen verleihn.
Herrscht Neid, Betrug und Verleumdung,
dann kann Verachtung gedeihn.

Die Liebe hat viele Gesichter,
die ihr die Menschen verleihn.
Herrscht Untreue, Streit und Gebrauchen,
dann kann Perverses gedeihn.

Der Glaube hat viele Gesichter,
die ihm die Menschen verleihn.
Herrscht Götzendienst, Zwang und Extase,
dann kann Haltloses gedeihn.

Die Hoffnung hat viele Gesichter,
die ihr die Menschen verleihn.
Herrscht Unglaube, Angst und Negierung,
dann kann Verzweiflung gedeihn.

Das Leben hat viele Gesichter,
die ihm die Menschen verleihn.
Herrscht Rücksicht, Vertrauen und Achtung,
dann kann das Gute gedeihn.

Lautlos

Lautlos zwischen Geburt und Tod
steht eine Spanne der Zeit;
ebenso still sind Freude und Leid,
sind Abend- und Morgenrot.

Lautlos sind auch deine Gedanken,
umfangen dein ganzes Sein;
verhalten sich still wie ein Stein
und setzen dem Lauten Schranken.

Lautlos wirkt dein Beten und Hoffen,
die Zuwendung lässt sich nicht hören;
auch Zweifel kann sie nicht stören;
ohne Worte macht Liebe betroffen.

Im Ursprung

Die Distel und die stolze Rose,
die Brennnessel und die Mimose,
der Löwenzahn, die Lilie,
das Moosgeflecht, die Orchidee,
der Dornenbusch, die Kirschzweige,
das Farngestrüpp, die edle Feige ...
– im Ursprung sind sie alle gleich,
es gibt für sie nicht Arm und Reich.

Die Ratte und der Jaguar,
der Regenwurm, das Taubenpaar,
der Elefant, der Papagei,
die Biene und der Riesenhai,
die Ameise, der Vogel Strauß,
die Schlange und die kleine Laus ...
– im Ursprung sind sie alle gleich,
es gibt für sie nicht Arm und Reich.

Der Mensch, ob Frau oder ob Mann,
aus China oder dem Sudan,
ein Indio, ein Europäer,
ein Rabbi oder Pharisäer,
ein Mutiger oder ein Feiger,
ein Redenschwinger oder Schweiger ...
– im Ursprung sind sie alle gleich,
doch gibt es für sie – Arm und Reich.

Sonntag ... was für ein Tag?

Heut' scheinen die Uhren zu rasten.
Termine bedrängen sie nicht.
Hab' Zeit, bei der Muse zu weilen,
denn geduldig wartet die Pflicht.

Entspannt ist der tosende Alltag.
Gewühl und Geschrei sind verhallt;
darum hör' ich besonders innig
die Laute in Garten und Wald.

Heut' ertönen von Gotteshäusern
die Glocken sonderbar schön.
Auf den sonst so belebten Straßen
sind nicht hastende Menschen zu sehn.

Dieser Tag trennt die Jahre in Teile
die das Leben erfüllen mit Zeit.
Er wärmt und erhellt wie die Sonne,
darum sei er dem Schöpfer geweiht.

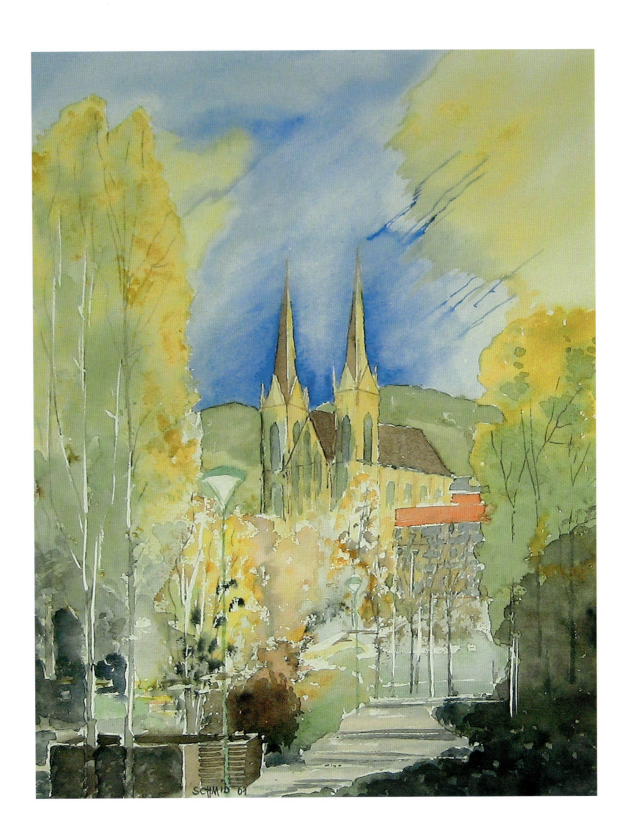

Winterspaziergang mit dir

Blauer Zenit und der Boden knirschte,
als ich mit dir durch den Winterwald pirschte.
Die Kälte zwang uns zu schnellem Gehn –
es war immer stärker der Atem zu sehn.

Eine einsame Spur zog ein suchendes Reh
über unseren Weg, in den glitzernden Schnee.
Die Bäume, von weißer Last beladen,
säumten den Pfad – wie müde Paraden.

Der erstarrte Bach vergab keinen Laut;
klares Eis hat er sorgsam aufgebaut.
Kurz lauschten wir in die Stille hinein –
es wich die Hast – dem Andächtigsein.

Dieses frostig-wundersame Reich
kommt einem erdachten Märchen gleich.
Ein Gang im Winter, mit dir durch den Wald,
ist erlebtes Glück – in schönster Gestalt.

Spuren im Schnee

Wo bist du – Wesen, das hier ging?
Die Spuren deuten auf dich hin
im unberührten, frischen Schnee,
quertest das Feld du – zartes Reh.

Verlor bald deine Spur im Wald.
Verrätst nicht deinen Aufenthalt.
Versteck dich weiterhin so gut!
Vor Lautem bleibe auf der Hut!

Deine Tage

Aus Tagen mit Höhen und Tiefen
dein Leben auf Erden besteht.
Vermagst bald zu unterscheiden
ihre wechselnde Qualität.

Dein Geburtstag erweckt dich zum Dasein.
Der Wochentag mahnt dich zur Pflicht.
Den Feiertag nütze zur Muße.
Vom Todestag redest du nicht.

Leb bewusst und gelassen den Alltag!
Auch für dich nimm dir Zeit genug!
Jeder einmalig ist und kostbar,
und sie gleiten dahin wie im Flug.

Dein Weg

Du wirst geschickt auf einen Weg
in unbekanntes Land.
Du wirst geführt auf diesem Weg
von unbekannter Hand.

Frage nicht lang – wohin, wie weit
denn diese Reise geht.
Frag' nicht – wieso, warum
die Zeit die Spur verweht.

Was dir am Weg begegnen wird,
begrüße es mit Freud!
Stürme nicht vor, weich nicht zurück,
verweil beim bunten Heut'.

Traum – Ort – Suche

Die Plätze in der Stadt sind laut,
so hab' ich mein Zelt im Dorf gebaut.
Geschwätzigkeit hier, sagt mir bald,
erhole dich im stillen Wald.
Doch Bäume sprechen nicht mit mir,
drum, Einsamkeit erdrückt mich schier.
Stieg auf den Berg – oh welche Qual;
ich schwankte reuevoll zu Tal.
War noch das Meer mit Salz und Wogen –
ich fühlte mich auch hier betrogen.

Fort wollte ich von dieser Erden. –
Statt wo zu leben – lieber sterben.

Da wacht' ich auf aus diesem Traum. –
Vor 'm Fenster blüht der Apfelbaum.
Er zeigte mir den Stand-Ort-Plan;
Genau hier fängt der Himmel an.

Wo ich am schönsten leben kann,
weiß ich seit jener Nacht,
seit ich Zeit in Zufriedenheit
im Garten hab' verbracht.

Trennstriche

Kindheit – wann ist sie zu Ende? Jugend – wann ist die Wende?
Wann wird der Jüngling zum Mann?
Wann fängt das Alter an?
Wann ist der Tag, der dies zu trennen vermag?

Die Frage der Zeit ist mein Geleit!
Ich kann sie nicht ignorieren,
wenn ich ein Ziel will erspüren.
Trennstriche sind vorgegeben im laufenden Erdenleben.

Unbemerkt fast, wie lautloses Weh'n,
die Jahre der Kindheit vergehn
In schwachen Konturen verbleiben noch Spuren
lautlosem Gedenken, an Geschicke, welche sie lenkten.

Das Warten, Hoffen und Sehnen,
begleitet von Wünschen und Plänen,
von Kindheitsgefühlen »befreit« – bedeutet die Jugendzeit.
Hier Güte und Liebe im Mahnen, lenkt sie in geordnete Bahnen.

Im Träumen, im Schwelgen der Liebe,
ich gerne im Heute verbliebe;
doch macht eine turbulente Zeit
den Platz für die weitere Zukunft bereit.
Pflichten und Freuden halten in Trab.
Hast und Verweilen wechseln sich ab.

Die späte Zeit ist voll Bangen.
Kann ich noch Glück verlangen?
Wie viel ist mir noch gegeben
vom gottgeschenkten Leben?
Ich erwarte nicht Antwort – mir frommt,
dass sich das Fragen nicht lohnt.

Lebenspfad

Dein Leben führt auf einem Pfad
in ungewisse Weite.
Renne und trödle nicht zu sehr,
beständig jedoch – schreite.

Umgeh nicht, was das Ziel verstellt,
wenn er nicht breit genug.
Selbst wenn ein Abgrund dich erschreckt,
dem Hindernis zeig Mut.

Brücken

Ich baute eine Brücke zur Welt,
in welcher ich jetzt bin.

Ich baue eine Brücke zu dir,
dass ich einen Freund gewinn'.

Ich baue eine Brücke zu Gott,
zur fernen Verwandlung hin.

Freude und Trauer

Wie alles auf Erden zwei Pole hat,
so wechseln sich Freude und Trauer ab;
sie ziehn ihre Spur hinauf, hinab
den Lebensweg – am Pilgerstab.

Die Freude macht dich froh und heiter;
sie bildet eine Himmelsleiter;
wird so zum guten Wegbereiter;
beschwingt geht deine Reise weiter.

Die Trauer macht die Seele schwer;
führt dich betrübt, gedankenleer
in uferloses Tränenmeer;
verstellt dir auch die Wiederkehr.

Nur Freude kann im Trauerdunkeln
wie sonnenhelles Licht erfunkeln;
verwandelt – macht von Glück dich trunken,
des Weisen – »schöner Götterfunken«.

Zeit lassen

Alte Mühlen drehn sich langsam.
Zeit lässt sich die Sonnenuhr;
auch nicht eilig hat's die Schnecke.
Langsam zieht ein Stern die Spur.

Gottes Mühlen mahlen langsam.
Zeit, braucht Liebe zum Gedeih'n;
auch nicht eilig hat's die Trauer;
langsam kann sie dich befrein.

Deine Straße

Gleich einer Straße ist dein Leben;
sie führt an ein bestimmtes Ziel.
Gefahren sind auf ihr gegeben,
erlaubt nicht übermütig' Spiel.

Auf ihr liegt nicht das Glück herum,
einfach zum Aufheben bereit.
Benütz mit Vorsicht sie darum
und übe Rücksicht jederzeit!

Das Höchste?

Zwischen Himmel und Erde eingespannt
ist ein jedes Wesen in Lüften und Land.
Es wurde im Ursprung so eingeplant,
dass Mensch – du – zum Höchsten wurdest ernannt.
Mit dem Geist und der Seele als Unterpfand
nahmst du das Geschick der Welt in die Hand.
Kamst zu Weisheit und Kenntnis durch den Verstand,
bis Gefühl und Gewissen oft lautlos verschwand.

Halte im Zaum deine Klugheit und List!
Überspanne den Bogen nicht – deiner Frist!
Wirst den Zauber nicht los, wenn Lehrling du bist,
der gerufenen Geistern verfallen ist!

Elemente

Das FEUER des großen Sternes
wärmt und schenkt uns das Licht.

Die ERDE nährt unser Dasein,
am Ende von Staub man spricht.

Die LUFT ist der Atem des Lebens,
unsichtbar, der Seele fast gleich.

Das WASSER – ewiger Ursprung –
macht die Schöpfung facettenreich.

Brücken

Am Flussrand ich gewandert bin;
mein Blick am anderen Ufer hing.
Fast unerreichbar schien es mir,
doch eine Brücke führt nach hier.

Wenn eine Kluft vom Nächsten trennt,
auch er den Weg zu mir nicht kennt,
dann will ich eine Brücke baun
von Mensch zu Mensch, im Urvertrau'n.

Wenn Bindung mir zu Gott entkam,
such' im Gebet ich neu die Bahn.
Stell' mir die Brücke zu ihm vor,
brauche dazu nur Herz und Ohr.

Stege

Die Ufer des reißenden Flusses
verbindet ein schwankender Steg;
du brauchst nicht im Wasser zu waten,
er bietet dir trockenen Weg.

Die Ufer von Erde und Himmel
verbindet ein sicherer Steg,
du brauchst nicht ins Leere zu treten,
setzt voraus einen glaubenden Weg.

Allee

Ich folge den Reihen von Bäumen,
die meine Straße säumen.
Ein jeder hin zum andern geht;
zum Punkt, der in der Ferne steht.

Ich möchte dieses Ziel erheischen;
das Auge aber lässt sich täuschen
vom Trugbild der Vollkommenheit –
es bleibt stets unerreichbar weit.

Tunnel-Visionen

Ich tauche in eine fremde Welt;
es engen mich ein ihre Wände.
Angst vor der Dunkelheit, mich befällt.
Ich such' deine schützenden Hände.

Nach dem Hier schwebt mir ein Tunnel vor,
durch welchen die Seele sich zwängt.
Dieser Weg verspricht ein helles Tor,
das zum dauernden Licht sie drängt.

Am Strand – eine blaue Vision

Tagträumend in die Fern' ich schau',
zum Horizont und ein Stück weiter;
es scheint die Welt mir Blau in Blau.

Des Flugzeugs Bahnen sind wie Wellen
von Schiffchen, auf dem blauen Grund;
zu beiden sich die Vögel hingesellen.

Mir fällt so schwer, es zu ergründen,
wo endet denn der Himmel – wo das Meer?
Kann ich Unendlichkeit hier finden?

Schatten

Schatten zeigen mir den Stand der Sonne.
Schatten wirft ein jeder Halm ins Licht.
Schatten täuschen über wahre Größe,
denn sie zeigen mir das Antlitz nicht.

Schatten lern im Leben überwinden.
Schatten birgt ein jedes Element.
Schatten wirf die Wege nicht voraus –
spende diesen, wenn die Sonne brennt.

... *alles hat sein »Für und Wider«*

das Leben im Dorf

Im Dorf, ein jeder jeden kennt,
drum fühlt man sich geborgen.
Im Dorf man sich beim Namen nennt,
auch teilt man Glück und Sorgen.

Im Dorf, es auch Intrigen gibt,
dran nehmen viele teil.
Man »Gut« und »Böse« gründlich siebt,
da bleibt kein Auge heil.

Wenn du nicht gerne angepasst,
willst aus der Reihe springen;
bist du im Dorfe schnell verhasst
aus kleinkarierten Gründen.

So tut das Dorf den Kindern gut
und sittsam, braven Alten,
doch jugendlicher Übermut
kann sich im Dorf nicht halten.

... und in der Stadt

Die Freiheit und Anonymität
ist in der Stadt gegeben –
so man genießt von früh bis spät
ein »grenzenloses« Leben.

Die Nachbarn haben keine Zeit,
man jagt und sucht sein Ziel.
Kein Freund zu finden weit und breit
im lauten Straßenspiel.

Oft schleicht sich Einsamkeit heran
Gefühle stehn im Patt.
Die ganze Frau, den ganzen Mann
verlangt die Stadt dir ab.

So lebst du in Geschäftigkeit,
musst Müdigkeit verdrängen;
bist in Gedanken oft bereit
dein Herz ans DORF zu hängen.

Zur Städte-Erhebung im ganzen Land Salzburg
anno 1999/2000

Häuser

Häuserarten ohne Maßen
bilden Gassen, säumen Straßen.
Riesengroß, auch winzig klein,
können schlicht, auch protzig sein;
zeugen Städte, stehen einsam –
eines haben sie gemeinsam:
geben Zuflucht, Schutz und Halt,
wichtig – es passt die Gestalt.

Ein Vogelnest, ein Schneckenhäuschen,
Höhlen für Bären oder Mäuschen,
ein Stall fürs Vieh, ein Wespenbau,
ein Eigenheim für Mann und Frau,
die Ritterburg, die Kathedrale,
das Gipfelhaus, das Amt im Tale,
das Krankenhaus, das Schulgebäude …
stehen für Hoffnung, Frust und Freude.
Fazit:
In Häusern lebend – eingespannt –
sind alle Wesen AUCH verwandt.

Dächer

Weil den stillen Weg durch den Wald bedeckt
ein Dach aus Ästen voll Laub;
weil ein blaues Zelt über Wiesen gewölbt
lässt vergessen den Alltagsstaub;
weil das Funkeln der Sterne am Firmament
wie ein Dach die Erde umspannt;
und solches aus Stein die Heimstatt beschirmt –
hab' den Wert ich der Dächer erkannt.

Ich ahne, dass das …

was die Lüfte bewegt und die Bäume ziert,
wie der Fels die Quelle vom Fluss gebiert,
wie die Biene sich nicht auf dem Heimweg verirrt,
wie nach strengem Gebot das All harmoniert,
wie der Himmel beschirmt und die Erde uns birgt,
wie nur neues Korn aus dem Samen wird
wenn zuvor es in der Erde stirbt –

… nicht menschlicher Geist bewirkt.

Einstein

Ein weltberühmtes Geistgenie,
zeitlebens Atheist,
erforschte für die Menschheit viel,
was für sie wichtig ist.
Als Hochbetagter sah er Grenzen,
und als die Kraft am Ende,
erfüllte ihn ein neues Licht,
es brachte ihm die Wende …

Zitat: »Der Wissenschafter weiß am Schluss,
dass Gott die Klärung bringe.
Für Gläubige jedoch steht ER
am Anfang aller Dinge.«

Gedanken zu Natur und Kultur

Entstehen von jeglicher Kreatur
bedeutet im Ursprung das Sinnbild »Natur«.
Der Eingriff des Menschen braucht stete Zensur,
damit noch verbleibt ein Quäntchen in pur.

»Mach die Erde dir untertan« heißt nicht nur:
Was du willst, kannst du haben auf deiner Tour.
Jeder Missbrauch birgt eine tickende Uhr,
welche mahnt: Du bist auf der falschen Spur!

Der Mensch als erschaffene Miniatur
bebaut, verwandelt – und nennt es »Kultur«.
Es erhält unsre Erde so manche Blessur –
doch die Schöpfung erlaubt nur begrenzt Korrektur.

Wenn bei Arbeit und Pflege auf Acker und Flur,
in Kulten, in Sprachen und geistiger Kur,
bei Technik, in Kunst und in Architektur
gilt für Ethik und Menschlichkeit – höchster Schwur …

… dann bleiben im Einklang – Natur und Kultur.

Zwiegespräch im Wald

Die hohen Gestalten raunen mir zu:
»Wir sind um ein Vielfaches größer als du.
Wir, ein Paradies für Gefiederte sind.
Unser Grün ist für Reinheit der Lüfte bestimmt.
Hier Zuflucht sucht das gehetzte Reh.
Wir bergen die Märchen- und Sagenfee.
Wir spenden Kühle und edles Holz …
Worauf bist du – winziges Wesen – stolz?«

Ich sprach darauf mit erzürntem Sinn:
»Ja wisst ihr denn nicht, welch' Hoheit ich bin?
Bin trotz meiner Kleinheit euch übergestellt!
Beherrsch' seit der Schöpfung die ganze Welt!
Ich mache mir alles untertan
und fühle mich frei im Zerstörungswahn!
Mein Verstand gibt Befehle, wie er will!
Mit diesen Worten werde ich still –
erkenne die Überheblichkeit –
für anderes Denken – ist höchste Zeit!

Bewusstsein an der Quelle

Seit bewusst ich dein Rauschen vernommen hab',
seit bewusst ich dein Leben beachtet,
seit bewusst ich mich durstig an dir gelabt,
seit bewusst ich die Herkunft bedachte,
seit bewusst ich deine Reinheit sah, –
weiß ich und seh' wie dein Wasser klar:
Du bist kostbarstes Gut auf Erden.

Wundersame Wolke

Birgst das Wasser, welches Leben schenkt,
lässt die Sonne nicht die Erde sengen.
Dein Kommen, dein Dasein, dein Geh'n
wird von ständigen Winden gelenkt.

Hältst die Form nur einen Augenblick,
wandelst dich – und ziehst vorbei.
Hast die Zeit nicht zu verweilen;
Staunen nur begleitet dich ein Stück.

Verborgener Sänger

Ich höre nur das unsichtbare Wesen,
das jubiliert mit werbendem Gesang.
Auch wenn die Augen es gern finden möchten,
versteckt es sich zu gut und singt voll Bang.

Ganz nahe mir scheint es zu sein,
als wäre es ein Cherub, der nicht zu sehn.
Plötzlich verstummt der wundersame Engel;
lässt einsam suchend mich im Garten stehn.

Wundersame Biene

Mit unerklärlich sich'rem Sinn
strebst du zu tausend Blüten hin.
Sammelst dort unbeirrt den Saft;
trägst schwer an deiner steten Last.
Braust Honig in kunstvollen Waben
für mich – als süße Himmelsgaben.

Bunter Falter

Graziös bewegst du dich im Wind.
Den Elfen gleich, dein Flügelpaar –
so anmutig und bunt bemalt.
Dein Anblick freut mich wie ein Kind.

Lässt dich auf eine Blüte gleiten,
breitest dort aus dein schmuckes Kleid.
Labst dich mit Nektar aus der Tiefe –
hilfst mir, für Gott den Blick zu weiten.

Ein stiller Traum: Ich möcht' dich haschen;
solch' Ebenmaß, zerbrechlich zart.
Wärst sicher tödlich du verletzt –
flieg' weg! – ich muss und will dich lassen.

Blumen

Wenn ich es nicht wüsst', müsst ich fragen:
Wer hat denn die Blumen gemacht?;
In zahllosen Formen und Farben,
als lebenserhellende Pracht.

Vielfalt der Arten ist ihnen eigen.
Jeder Anlass wird durch sie gekrönt;
ihre Schönheit im ständigen Reigen,
Erwartung und Freude ersehnt.

Dank für Rosen

Dank empfinde ich für Rosen,
weil Duft und Farbe mich umkosen.
Kann ich auch für die Dornen danken,
welche um den Stiel sich ranken? –
Nehm' die Erfahrung zögernd an,
dass Schönes auch verletzen kann.

Deine Schritte

Den Anfangsschritt machst du nicht selbst.
Ans Licht drängt dich die Lebenskraft.
Sie treibt dich aus der dunklen Wiege
mit einer unbändigen Macht.

Dein starker, dir eigener Wille
befreit dich aus bergender Hand.
Unsichere Schritte leiten dich
in neu zu entdeckendes Land.

In vielen Schritten wirst du weise.
Wissen zu haben, ist dein Ziel.
Das Zuhause gibt dir Schutz und Obhut,
wechseln ab sich noch Arbeit und Spiel.

Schnell schwindet diese sorglose Zeit.
Schon gibt es Termine und Pflichten.
Erfüllung in Arbeit für tägliches Brot
sind Schritte zu neuen Sichten.

Den letzten Schritt aus dieser Welt
gehst zögernd du, angstvoll und scheu;
doch EINER reicht dir seine Hand,
bleibt bei jedem der Schritte dir treu.

Ein Kind

Ein Wesen von göttlicher Reinheit,
seine Seele, zerbrechlich und zart,
übersteigt alle irdischen Werte,
die mit Haben und Sein gepaart.
Ein Kind kann man nicht besitzen,
ist vom Schöpfer geliehenes Gut.
Es gibt Hoffnung für künftige Ziele,
schenkt der Welt den not-wendenden Mut.

Neues Menschlein

Behutsam hältst du es in Händen,
das kostbarste Gut der Welten.
Gibt Hoffnung für die ferne Zeit
und will dein Leben wenden.

Braucht zärtliche Geborgenheit,
ist angewiesen auf dein Lieben.
Sein Dank ist Lebenssinn für dich –
vieles zu geben sei bereit.

Bewusst genieß den Augenblick!
Diese selige Zeit eilt dahin.
Im Nu ist's entwachsen deiner Hand –
noch hältst du vom Himmel ein Stück.

Mutter

Du bist das Kind deiner Mutter
vom Anbeginn deines Seins.
Sie bringt deine erste Wiege;
sie und du seid gewordene Eins.

Die Trennung der Schnur von der Quelle,
macht selbständig dich und frei.
Wenn die eigene Welt kannst erkunden,
ist sie nur noch am Rande dabei.

Kann dich nähren, behüten und trösten,
sie bestimmt nicht das Schicksal für dich.
Deine Wege begleitet ihr Beten,
wenn Obsorge der Dankbarkeit wich.

Vater

Dein Vater ist Türe und Angel,
gibt dir Halt, Vertrauen und Kraft.
Du siehst in ihm jenes Vorbild,
welches Heimat und Zuflucht schafft.

Die Ahnung vom guten Vater,
welcher vom Himmel dich liebt,
hängt ab von der menschlichen Güte,
die der Erden-Vater dir gibt.

Bruder

Als Kind ist dein Bruder dir Partner,
geteilt werden Friede und Zwist,
weil Freude und Traurigkeiten
auch der Alltag des anderen ist.

In der Zeit der Erfahrung und Reife
des Bruders Bedeutung gewinnt;
da der Weise im Lauf seiner Wege
sich auf Werte der Bande besinnt.

Bist du ein Freund?

Hast du die edlen Qualitäten,
die für den »Freund« bezeichnend sind,
vertrittst du Ehrlichkeit und Treue,
bist mir auch immer gut gesinnt?

Es ist nicht schwierig an den Tagen,
wo Heiterkeit und Glück regiert;
stehst mir auch dann als Freund zur Seite,
wenn dieses gegenteilig wird?

In Zeiten, da man mich verleumdet,
unschuldig an den Pranger stellt;
wirst du bestreiten, mich zu kennen,
weil zum Beweis der Mut dir fehlt?

Leider ist ein Freund auch fehlbar;
schon in der Bibel steht es so.
Die Schwäche liegt im HABEN-Denken;
ein Freund zu SEIN, nur macht dich froh.

Als Kind – bei Gewitter

Als Kind bekam ich Angst vor deinem Grollen.
Die Blitze schreckten mich nicht selten aus dem Traum.
Wenn aus dem All bebende Stimmen schollen,
suchte ich Schutz unter dem Buchenbaum.

Es ist erforscht das Werden deiner Stärke.
Der Grund, warum so mächtig deine Kräfte sind.
Doch ewig bleibt's ein Wunder SEINER Werke.
Schreckvoll erleb' noch heute ich dich – wie als Kind.

Als Kind – mein Schutzengel

Als Kind ich mit dem Wesen reden konnte,
wenn ich in Not und wenn es dunkel war.
Wusste um Schutz und dass sich Beten lohnte;
fühlte mich nicht alleine bei Gefahr.

Reales Denken Zuversicht verscheuchte,
Glaube und Hoffnung blies ich in den Wind.
Suchte zum wahren Sehen eine Leuchte;
fand diese im Vertrauen – wie als Kind.

Zwischen Erde und Himmel

Dein Beginn ist die Erde, auf der du geboren;
bist zum Höchsten der Schöpfung auserkoren.

Bekamst noch zum Körper die Seele dazu –
ein Wesen entstand, als einmaliges DU.

Bald geschah's – dir wurde die Wiege zu klein;
du bekamst es so eilig, erwachsen zu sein.

Nun strebst du nach Wissen, Geld und nach Ruhm;
immer gibt's für die Zukunft so vieles zu tun.

Doch diese hat Grenzen, bereite dich vor (!),
denkst du, das hat Zeit, dann bist du ein Tor.

Nur der Himmel ist grenzenlos, Erdhaftes nicht;
darum strebe ihn an – ohne Scheu vor dem Licht.

Deine Kinder

Deine Kinder sind nicht dein,
darfst nur ihr Begleiter sein.
Wolln den Weg alleine finden,
kannst sie nicht an deinen binden.
Sind von Gott dir anvertraut,
weil aus deinem Holz gebaut.
Sollst sie nur ein Stück weit »ziehen« –
jedoch bleiben sie geliehen.

Vielfältige Wege

Die Wege, die du gehst, sind breit und schmal,
sind lang und kurz, vertraut und fremd;
sie führen dich auf Höhen und ins Tal.

Mal krumm, gerade, eben, steil,
oft Um- und Irrweg dich bedrängen;
falscher bringt Schaden, rechter das Heil.

Wenn ohne Ausweg scheint das Ende,
halte den Weg der Wahrheit für gut,
Rück- und Umkehr bringen die Wende.

Auf der Suche nach der Stille

Auf der Suche

Wo finde ich einen Ort der Stille?
Am Berg (?), im Tempel (?), im Wald (?).
Überall nur lautes Geräusch und Gebrülle. –
Ich selbst bin laut – merk' ich bald.

Wo ist die Stille?
Ich möchte sie finden,
dann könnte ich laut verkünden:
Ich habe die Stille entdeckt! ...
Ich fand die Stille.
Ich bin ihr nach langem begegnet;
der Augenblick war gesegnet –
schnell hat sie sich wieder versteckt.

Laut ist die Welt zu jeder Zeit,
nur Stille verspricht den Frieden;
dazu ist die Menschheit nicht bereit,
darum ist das Laute geblieben.

Der Weg zur Stille

Der Weg zur Stille ist Verzicht
auf Reden und lautes Denken.
Der Weg zur Stille ist voller Licht,
kann Entspannung und Ruhe schenken.

Der Weg zur Stille macht mich heil
vom lauten, verletzenden Wort.
Der Weg zur Stille – vom Leben ein Teil –
führt die Seele zum sicheren Hort.

Der Weg zur Stille schenkt mir Kraft,
zu meistern die lauten Zeiten.
Der Weg zur Stille Zuflucht schafft,
um dort das Herz zu weiten.

Seine Spuren

Wohin ich auch gewandert bin
in meinen Lebenstagen,
mit ihren vielen Fragen;
es führte jede Spur zu IHM.

Wenn Zweifel drohten meinem Sinn,
ob einer diese Welt noch liebt
und es ein neues Morgen gibt;
dann kam ich auf die Spur von IHM.

Sie wies die Richtung mich dahin,
dass ich dem Weg vertraute,
auf die Verheißung baute;
dann war ich auf der Spur zu IHM.

Ins Licht

Ein jeder Halm drängt sich ins Licht,
weil er nur dort gedeiht.
Der Tag den Sarg des Falters bricht
und Flügel ihm verleiht.

Aus deiner Mutter dunkler Wiege
hast dich ins Licht gedrängt.
Den Stein der Gruft wälzt Gottes Liebe,
die dich im Licht empfängt.

Werde Licht

So wie der Fixstern den Trabanten
erhellt im dichten Sternenwald,
braucht Menschengeist, um Licht zu sein,
das Göttliche, das ihn bestrahlt.

Wo du dem Nächsten Leuchte bist,
muss Angst und Dunkel weichen,
denn es hat Finsternis nicht Kraft,
die Trübsal aufzuscheuchen.

Letzter Weg der greisen Mutter

Ein Bote von Gott reichte dir die Hand
und führte dich in ein fernes Land.
Du zögertest nicht, du warst bereit,
du ahntest, zum Himmel ist es nicht weit.

Wir sind traurig, weil du nicht mehr bist;
doch gläubige Gewissheit ist,
dass freudig wir uns wiedersehn,
wenn wir vor unserem Schöpfer stehn.

Er und ich

ER zeigt den Weg, der Neues betont.
Die Wahrheit, welche zu suchen sich lohnt.
ER verspricht ein Leben, wo Liebe wohnt,
doch dieser wurde verkannt und verhohnt.

Ich suche den Weg im dichten Gewirr,
doch SEINE Wahrheit versteckt sich vom Hier.
Ich strebe nach Leben, wo Liebe ich spür';
kann glauben erst, wenn ich Wunden berühr'.

Blind sein

Ich habe Augen und sehe oft nicht,
bin blind für anderer Sorgen.
Ich »leiste« und tue auch sonst meine Pflicht,
doch verschiebe ich Hilfe auf morgen.

Wegschauen, als ginge mich alles nichts an,
ist einfacher als zu agieren.
Gut sehen ich mit dem Herzen nur kann,
mit ihm auch Erwartungen spüren.

Ich bete – ja schreie: »Herr mache mich heil!
Ich will, dass ich sehe durch DICH!
Erst dann nehme ich am Lichte teil,
das DU entfacht hast – für mich.«

Millennium 1999/2000

Wir bestürmten mit lautem Knall
und Getöse in jedem Tal!
das Jahr mit der magischen Zahl.

Auch Ängste und Grübelei
mischten sich ins Geschrei –
ob denn noch komme ein Mai?

Doch, Engel sagten: »Fürchtet euch nicht!«,
als Verwirrten erstrahlte ein grelles Licht;
es war der Beginn einer neuen Sicht.

Ein Retter trat in den Raum der Zeit,
welcher von Zukunftsangst befreit;
er schenkte Hoffnung der Christenheit.

Leib und Seele

Manchmal fühl' ich mich nicht gut –
finde keinen Grund.
Ist der Körper denn lädiert,
ist die Seele leicht verwirrt,
bin ein Hypochonder ich,
oder nicht gesund?

Modewort wie »stressgeplagt«
rede ich mir ein.
Ist der Körper denn lädiert,
ist die Seele leicht verwirrt,
spüre ich zu wenig Freude,
kann das Krankheit sein?

Endlich hab' ich es erfahren,
kenn des »Pudels Kern«:
Wenn die Seele ist verwirrt,
ist der Körper auch lädiert!
Fazit: Acht auf Leib U N D Seele
eh' sie aufbegehrn!

Regenbogen

Als weiter Bogen über mir,
in Rot, Gelb, Blau und Grün;
grad wie von Zauberhand gemacht,
im Regen er erschien.

Ist's eine Laune der Natur,
die mit den Wundern prahlt?
Oder grüßt der Himmel dich,
welcher in Farben strahlt?

Heißt's nüchtern: eine Spiegelung,
so kann ich doch erahnen –
ich bin getragen –, eingespannt
in SEINE bunten Bahnen.

Schlichtes Gebet

In
DEINEM Raum,
in
DEINER Zeit
gebettet, darf ich leben,
und
DEIN bunter Bogen spannt
sich nach
DEINEM Regen.
In der Schönheit
DEINER Welt
mache mich zum Segen.

MARIA SCHMID
geboren 1939 in Salzburg. Im zweiten Bildungsweg Religionspädagogin, verfasst lyrische Gedichte. Die Bücher »Zeit – verwoben mit dir« (zweite Auflage) und das vorliegende Buch sind ein Querschnitt ihrer Dichtung.

HANS SCHMID
geboren 1934 in Bozen. Von Beruf Baumeister, malt in vielseitigen Themen fast ausschließlich in Aquarell. Zahlreiche Ausstellungen, auch in der eigenen Privatgalerie. Stattet die Lyrikbände der Gattin Maria mit Bildern aus seiner Werkstatt aus.

Dieses Buch kann auch bei der Autorin erworben werden.
Anschrift: A-5600 Sankt Johann im Pongau, Stefflmoosstraße 15
E-Mail: schmid.j@sbg.at